BEI GRIN MACHT SICH IHR WISSEN BEZAHLT

- Wir veröffentlichen Ihre Hausarbeit, Bachelor- und Masterarbeit

- Ihr eigenes eBook und Buch - weltweit in allen wichtigen Shops

- Verdienen Sie an jedem Verkauf

Jetzt bei www.GRIN.com hochladen und kostenlos publizieren

Bibliografische Information der Deutschen Nationalbibliothek:

Die Deutsche Bibliothek verzeichnet diese Publikation in der Deutschen National-bibliografie; detaillierte bibliografische Daten sind im Internet über http://dnb.d-nb.de/ abrufbar.

Impressum:

Copyright © 2015 GRIN Verlag
Druck und Bindung: Books on Demand GmbH, Norderstedt Germany
ISBN: 9783668804234

Dieses Buch bei GRIN:

https://www.grin.com/document/441972

Annalena Peiffer

SWOT-Analyse und Marketingstrategien, Kooperationen, Corporate Identity, Konsumentenverhalten

Ein Überblick

GRIN Verlag

GRIN - Your knowledge has value

Der GRIN Verlag publiziert seit 1998 wissenschaftliche Arbeiten von Studenten, Hochschullehrern und anderen Akademikern als eBook und gedrucktes Buch. Die Verlagswebsite www.grin.com ist die ideale Plattform zur Veröffentlichung von Hausarbeiten, Abschlussarbeiten, wissenschaftlichen Aufsätzen, Dissertationen und Fachbüchern.

Besuchen Sie uns im Internet:

http://www.grin.com/

http://www.facebook.com/grincom

http://www.twitter.com/grin_com

Deutsche Hochschule für

Prävention und Gesundheitsmanagement

Hermann Neuberger Sportschule 3

66123 Saarbrücken

Einsendeaufgabe

Fachmodul: Marketing 2

Studiengang: Fitnessökonomie

Datum
Präsenzphase: 12.01.2015 – 15.01.2015

Name, Vorname: Peiffer Annalena

Studienort: **Köln**

Semester: **WS 2012**

Inhaltsverzeichnis

1 SWOT-Analyse und Marketingstrategien

1.1 Vorgehensweise SWOT-Analyse

Der Begriff „SWOT" setzt sich aus folgenden Worten zusammen. Strength (Stärken), Weaknesses (Schwächen), Opportunities (Chancen) und Threats (Risiken). Die SWOT-Analyse ist ein wichtiges Element im strategischen Management und zugleich die Grundlage vieler Marketingstrategien. Ziel der SWOT-Analyse ist es, die Stärken und Schwächen (Ressourcenanalyse) eines Unternehmens zu erkennen und sie auf die Chancen und Risiken (Analyse der Unternehmenswelt) des Marktes hin anzupassen. Mit ihrer Hilfe identifiziert ein Unternehmen erfolgreiche Wettbewerbsstrategien, welche in bestehenden aber auch in neuen Märkten eingesetzt werden können.

Als erstes Teilsystem der SWOT-Analyse wird die Ressourcenanalyse durchgeführt, welche die internen Einflussgrößen widerspiegelt. Ziel ist es, aktuelle und künftige Potenziale und Ressourcen aufzuzeigen. Zu Beginn werden die finanziellen, physischen, organisatorischen und technologischen Ressourcen in einem Profil erfasst und bewertet. Allerdings werden nur die wichtigsten Faktoren für das Unternehmen berücksichtigt. Daraufhin wird dieses Profil mit den entscheidenden Faktoren des Marktes abgeglichen, um so die Stärken und Schwächen zum Vorschein zu bringen. Zum Schluss wird ein Vergleich mit einem Konkurrenten durchgeführt. Dazu können Marktanteil, Kosten, Logistik, etc. gehören. Mit diesem Vergleich werden neben den eigenen Stärken und Schwächen auch die der Konkurrenz und spezifische Kompetenzen aufgedeckt.

Das zweite Teilsystem der SWOT-Analyse ist die Analyse der Unternehmenswelt. Diese befasst sich mit den externen Einflussgrößen des Unternehmens. Auf der einen Seite erfolgt eine Beurteilung des Marktes und Wettbewerbs, um so z.B. Marktpotenziale oder Konsumverhalten frühzeitig erkennen zu können. Auf der anderen Seite werden das Umfeld und die allgemeinen Rahmenbedingungen, wozu staatliche, gesellschaftliche oder ökologische Faktoren zählen, untersucht. Somit zeigt sich, welche Umweltgrößen dem Unternehmen schaden und welche genutzt werden können. Somit werden beide genannten Faktoren analysiert, um so die zukünftige Entwicklung besser abschätzen zu können.

1.2 Durchführung einer SWOT-Analyse

Ressourcenanalyse:

Stärken:

-große Vielfalt an Trainingsgeräten

-gut ausgebildetes Personal

-günstiger Standort, gute Anbindung ans öffentliche Verkehrsnetz

Schwächen:

-geringe Bekanntheit im Marktgebiet

-begrenztes Marketingbudget

-preisaggressiver Mitbewerber

Analyse der Unternehmenswelt:

Chancen:

-Höherer Umsatz

-Bekanntheitsgrad erhöht sich

-Gewinn von Neumitgliedern

-Einführung von neuen Angeboten

Risiken:

-Höhere Kosten durch mehr Aufwand

-Erhöhte Marketingkosten

-Auslastung des Studios zu hoch

-Verlust von bestehenden Mitgliedern, die in das Firmenkonzept wechseln

-Erhöhter Personalaufwand

1.3 Erstellung einer SWOT-Matrix

Tab. 1: SWOT-Matrix (eigene Darstellung)

SWOT-Matrix	Chancen (Opportunities)	Risiken (Threats)
Stärken (Strenghts)	SO-Strategien Durch das große Angebot und die Vielfalt an Trainingsgeräten können gut Neumitglieder gewonnen werden. Durch das gut ausgebildete und motivierte Personal können die Neukunden durch das Firmenfitnesskonzept gut betreut werden.	ST-Strategien Mitarbeiter können neue Aufgaben und Herausforderungen annehmen. Durch den günstigen Standort kann der Marktanteil durch Firmenfitnesskonzept erhöht werden.
Schwächen (Weaknessses)	WO-Strategien -Erzielung höherer Umsätze durch die Gewinnung neuer Mitglieder. Somit erhöht sich mehr und mehr der Bekanntheitsgrad durch Einführung neuer Angebote.	WT-Strategien -Abhebung von Mitbewerbern durch Firmenfitnesskonzept -Bekanntheitsgrad erhöhen durch Empfehlungen innerhalb der Firma, um Marketingkosten zu sparen.

2 Kooperationen

2.1 Begriffsabgrenzung

<u>Franchising:</u>

Franchising ist eine langfristige, vertragliche Kooperation zwischen Unternehmen. Dabei ist der Franchisenehmer ein selbstständiger Unternehmer und zahlt dem Franchisegeber dafür, dass er bestimmte Rechte erhält. Diese Rechte enthalten unter anderem die Nutzung der Marke, die Nutzung des Firmennamens, die Erzeugung und den Vertrieb von Leistungen und Produkten. Der Franchisegeber unterstützt den Franchisenehmer und gibt ihm einheitliche Organisations-, Werbe- und Marketingkonzeptionen vor (vgl. Schlaffke&Plünnecke, 2014, S.83).

<u>Lizenzierung:</u>

Eine Lizenz bezeichnet ein Nutzungsrecht an einer rechtlich geschützten Erfindung oder Technologie. Dies wird einem Unternehmen gegen Entgelt oder einer anderen Leistung gewährt. Lizenzen sind langfristige Kooperationen, bei denen ein Machtgefälle zwischen Lizenzgeber und Lizenznehmer besteht. Die Ziele des Lizenzgebers sind dabei die Erzielung von Lizenzeinahmen, die Erschließung neuer Märkte und die Risikominimierung. Die Übernahme neuer Technologien, die Rechte zur Marktnutzung, der Zeitgewinn und die Kostenreduzierung gehören zu den Zielen des Lizenznehmers (vgl. Schlaffke&Plünnecke, 2014, S.82).

2.2 Beispiele aus der Praxis

<u>Beispiele für Franchiseunternehmen</u>
-Body Street
-Mrs. Sporty
-Clever Fit
(vgl. Franchisedirekt, o.J.)

<u>Beispiele für Lizenzverträge</u>
-Les Mills (vgl. LesMills, o.J.)
-Zumba (vgl. Zumba, o.J.)
-Hot Iron (Ifhias, o.J.)

2.3 Recherche

2.3.1 Bestandteile eines Franchisevertrages

-Die dem Franchise-Geber eingeräumten Rechte

-Die dem einzelnen Franchise-Nehmer eingeräumten Rechte

-Die dem einzelnen Franchise-Nehmer zur Verfügung zu stellenden Waren und/oder Dienstleistungen

-Pflichten des Franchise-Gebers

-Pflichten des einzelnen Franchise-Nehmers

-Zahlungsverpflichtungen des einzelnen Franchise-Nehmers

-Die befristete Vertragsdauer sollte es dem Franchise-Nehmer ermöglichen, seine Anfangsinvestitionen zu amortisieren und Gewinne zu erzielen

-Grundlagen für eine eventuelle Verlängerung des Vertrages;

(vgl. franchiseverband)

2.3.2 Startkapital von Franchisekonzepten

Mrs. Sporty: 10.000 Euro

Body Attack: 40.000 Euro

Easy Fitness: 50.000 - 75.000 Euro
(vgl. Franchiseportal, o.J.)

2.4 Vor- und Nachteile

Für den Franchisenehmer ergeben sich Vor- und Nachteile bei einem Franchisesystem. Ein Vorteil ist es, dass durch das Wissen des Franchisegebers Gründungsfehler vermieden werden. Somit profitiert der Franchisenehmer von den Fehlern die andere gemacht haben. Außerdem wird es immer schwieriger als Existenzgründer einen Kredit zu bekommen. Durch den Franchisegeber wird das Unternehmensrisiko reduziert, er liefert Vergleichszahlen und aufgearbeitete Konzepte. Dadurch hat der Franchisenehmer eine stärkere Verhandlungsposition bei den Banken und somit einen leichteren Zugang zu

Krediten. Ein weiterer Vorteil ist die Integration in ein funktionierendes Marketing- und Vertriebssystem. Der Franchisenehmer profitiert davon, dass sich die Werbekosten auf viele Unternehmen aufteilen, die Werbung eine hohe Qualität hat und in einem großen Umfang betrieben werden kann.

Es gibt folgende Nachteile für ein Franchisenehmer. Ein Existenzgründer wünscht sich oft Eigenverantwortung und Unabhängigkeit. Der Franchisenehmer ist aber Teil eines Systems und unterwirft sich einem erprobten Konzept auf das er wenig Einfluss hat. Außerdem ist es schwierig ein passendes System auszuwählen. Hinzukommt, dass der Franchisenehmer der Abhängigkeit der Geschäftspolitik des Franchisegebers unterliegt und einen geringen Einfluss auf diese hat. Ein weiterer Nachteil ist die langfristige Bindung, wodurch eine Kündigung durch einen Konflikt nicht einfach ist (vgl. akademie, 2015).

3 Corporate Identity

3.1 Interview-Analyse

3.1.1 Überarbeitung der Corporate Identity

McFiT hat seine Corporate Identity überarbeitet. Dies kann man daran erkennen, dass sie ein neues Design und ein neues Logo haben. Außerdem haben sie ihre Bildersprache optimiert und ihre Schreibweise von McFit auf McFiT geändert. Die Veränderungen sind auf der Website, auf den Social Media Kanälen, an der Außenausstattung, an Flyern, am Innendesign und an dem hauseigenen McFiT Channel zu erkennen.

3.1.2 Neue Ausrichtung der Corporate Identity

Es gibt verschiedene Gründe, die zu einer neuen Ausrichtung der Corporate Identity führen. Oft sind es Gründe wie eine Neuausrichtung oder -positionierung. Ein anderer Grund kann die Übernahme eines anderen Unternehmens sein. Auch eine neue Zielgruppe oder ein neues Angebot kann ein Grund für eine neue Ausrichtung sein.

McFiT ist seit einiger Zeit auch international vertreten und möchte sich neu positionieren. Deshalb erfolgt ein Redesign der ganzen Marke, was sie auch nach außen hin zeigen möchte. McFiT sieht sich durch das neue Angebot McFiT- Erlebnistraining und dass aufwerten des Trainingsangebotes nicht mehr als Discounter. Somit wurden die Farben blau und gelb im Logo durch anthrazit und gelb ersetzt. Dies wertet das Logo optisch auf. Der Fokus liegt jetzt auf sportlichen Köpern, dies wird jetzt in der Bilder-sprache deutlich. Die Models wirken nicht mehr plakativ glücklich, sondern authentisch und motivierend.

McFiT möchte vor allem seine neuen Markensignale, Kraft, Stärke, Dynamik und In-novation transportieren.

3.1.3 Recherche

Die Commerzbank hat auch eine Veränderung ihrer Corporate Identity vorgenommen. Grund dafür war die Übernahme der Dresdner Bank, die strategische Neuausrichtung und -positionierung und das turbulente Umfeld der aktuellen Banken- und Wirtschafts-krise. Durch das neue Erscheinungsbild sollen vor allem die Markenwerte, initiativ, verlässlich und leistungsstark transportiert werden. Dies erfolgt durch neue Farbe, Schrift und Bildsprache. (vgl.designmadeingermany, o.J.)

Ein weiteres Beispiel ist McDonald's, der eine Veränderung der Corporate Identity vor-genommen hat, indem das Logo grün wurde. Dies soll ein Zeichen für Umweltfreund-lichkeit sein. Außerdem soll es auch die Markenidentität verändern, weg vom Dickma-cher hin zum Fitmacher. (vgl.firmenlogos24, o.J.)

Auch Fitness First ist ein Beispiel. Sie haben Fitness Company übernommen und da-raufhin ihr Erscheinungsbild geändert. Dies wirkt jetzt auf dem Markt viel hochwerti-ger.

(vgl.designtagebuch, o.J.)

Pepsi überarbeitet auch seine Corporate Identity und strebt eine Neupositionierung an. Es gibt ein neues Logo, bei dem der weiße Mittelstreifen ein Lächeln oder ein Grinsen darstellen soll (vgl. desginbote, o.J.).

3.2 Marktstrategien

3.2.1 Segmentspezifischen Marktbearbeitungsstrategien und Wettbewerbsstrategien nach Porter

Es gibt viele unterschiedliche Käufertypen mit jeweils eigenen Bedürfnissen. Dies ist der Grund für eine Marktsegmentierung. Dabei wird der Gesamtmarkt in kleinere Seg-mente aufgeteilt. Die Abgrenzung der Marktsegmente kann anhand von sachlichen, per-sonellen räumlichen und zeitlichen Kriterien erfolgen. In Hinblick auf die Marktbear-beitung muss festgestellt werden, welche und wie viele Segmente als Zielmärkte bearbeitet werden sollen. Kriterien für die Zielmarktbestimmung sind die Größe und das Wachstum des Segments, die strukturelle Attraktivität des Segments, sowie die Zielsetzungen und die Ressourcen des Unternehmens. Zur Auswahl des Zielmarktes kann das Unternehmen zwischen fünf Strategien wählen. Die erste Strategie ist die Segmentkonzentration, bei der das Unternehmen ein einzelnes Segment des Gesamtmarktes auswählt und bearbeitet wird. Die selektive Spezialisierung ist die zweite Strategie. Hier werden mehrere attraktive Segmente ausgewählt und mit unterschiedlichen Leistungen bearbeitet. Wenn sich das Unternehmen darauf spezialisiert, die Bedürfnisse einer bestimmten Kundengruppe zu befriedigen, nennt man dies Marktspezialisierung. Eine weitere Strategie ist die Produktspezialisierung, wobei ein Unternehmen ein bestimmtes Produkt für mehrere Kundengruppen vermarktet. Die letzte Strategie ist die vollständige Marktabdeckung, bei der ein Unternehmen alle Leistungen für alle Kundengruppen anbietet. Zum Schluss muss entschieden werden, ob eine differenzierte oder eine undifferenzierte Marktstrategie verfolgt wird. Wenn ein Unternehmen die Unterschiede zwischen den Marktsegmenten nicht beachtet, sondern ein Produkt und ein Marketingprogramm entwirft und damit versucht, die größtmögliche Anzahl an Käufern anzusprechen wird eine undifferenzierte Marktstrategie verfolgt. Von einer differenzierten Marktstrategie spricht man, wenn das Unternehmen das Produkt und das Marketingprogramm jeweils an die unterschiedlichen Segmente anpasst.

Außerdem unterscheidet man zwischen verschiedenen Wettbewerbsstrategien. Nach Porter lassen sich drei Strategieansätze ableiten, die Strategie der Kostenführerschaft, die Differenzierungsstrategie und die Nischenstrategie. Bei der Kostenführerschaft bietet das Unternehmen durch günstige Kostenstrukturen einen niedrigeren Preis als die Konkurrenz an. Voraussetzung dafür sind oft eine große Stückzahl, ein hoher Marktanteil und günstige Rohstoffe. Bei der Differenzierungsstrategie versucht das Unternehmen die eigene Leistung einzigartig für den Kunden zu machen und durch die angebotenen Leistungen wie Produktqualität, Service, Image einen hohen Preis zu realisieren. Bei der Nischenstrategie, platziert das Unternehmen seine angebotene Leistung bewusst in einer Marktnische. Hier konzentriert sich das Unternehmen auf eine beschränkte Anzahl von Abnehmern. Innerhalb der Nische kann dann eine Kostenführerschaft oder eine Differenzierung angestrebt werden (vgl. Schlaffke&Plünnecke, 2014, S.57ff).

Mc FiT verfolgt eine vollständige Marktabdeckung, da sie alle möglichen Leistungen für alle Kundengruppen anbieten. Sie haben keine festgelegte Zielgruppe, sondern konzentrieren sich auf die breite Masse. Dementsprechend haben sie verschiedene Leistungen, die nicht speziell auf eine Zielgruppe festgelegt sind. Außerdem betreibt Mc FiT

ein undifferenziertes Marketing, da sie mit ihrer Leistung und ihrem Marketingprogramm versuchen die größtmögliche Anzahl an Käufern des Marktes anzusprechen. So
werden vor allem Kosten gespart.

Hinzukommt, dass Mc FiT eine Kostenführerschaft verfolgt. Sie streben eine im Vergleich zum Wettbewerb niedrigere Kostenstruktur an. Dafür ist ein hoher Marktanteil
wichtig. Somit wird auf den Markt ausgerichtet eine konsequente Niedrigpreisstrategie
verfolgt (vgl. Schlaffke&Plünnecke, 2014, S.58f).

3.2.2   Produkt-Markt-Matrix nach Ansoff

Die Produkt-Markt-Matrix nach Ansoff gibt vier Basisstrategien vor, die das Verhalten
des Unternehmens im Markt bestimmt. Mc FiT verfolgt die Marktdurchdringung. Er
strebt die Realisierung einer Vergrößerung des Marktanteils und einer Ausweitung des
Marktvolumens mit vorhandenen Leistungen auf gegenwärtigen Märkten an. Seit kurzer
Zeit führt Mc FiT Cyberkurse in seinen Filialen ein. Dabei handelt es sich dann um die
Strategie der Produktentwicklung. Da Mc FiT eine neue Leistung auf bereits bestehenden Märkten anbietet. Wichtig dabei ist, dass die neue Leistung, also die Cyberkurse als
einzigartig wahrgenommen werden (vgl.Schlaffke&Plünnecke, 2014, S. 60f).

3.2.3   Chancen und Risiken

Durch die neue Strategie der Produktentwicklung ergeben sich verschiedene Chancen
aber auch Risiken für Mc FiT. Durch das Einführen einer neuen Leistung hat Mc FiT
die Chance noch mehr Kunden anzulocken. Vor allem weil sich dadurch eine weitere
Zielgruppe angesprochen fühlt. Dies zieht aber auch ein gewisses Risiko mit sich. Es
kann passieren das bestehende Kunden mit der neuen Leistung und der neuen Zielgruppe unzufrieden sind. Eine weitere Chance für Mc FiT ist es, seine Kunden durch die
neue Leistung noch zufriedener zu stellen, da sie eine neue Leistung geboten bekommen. Ein Risiko kann bestehen, wenn die Bestandskunden mit der neuen Leistung nicht
zufrieden sind. Da es sich nur um Cyberkurse handelt, kann es sein das die Kunden,
Kurse mit Trainern fordern. Es besteht die Chance das Mc FiT nach außen hin noch
leistungsstärker für seinen Preis wirkt und noch mehr Kunden der breiten Masse an-
spricht. Es kann aber auch das Risiko bestehen, dass sich nicht mehr die breite Masse
angesprochen fühlt, sondern dass dadurch die Zielgruppe beschränkt wird.

4 Konsumentenverhalten

4.1 Arten des Kaufverhaltens

In Abhängigkeit von der Homogenität der Produkte und dem Involvement der Konsumenten werden grundsätzlich vier Arten des Kaufverhaltens unterschieden: das habitualisierte Kaufverhalten, das dissonanzmindernde Kaufverhalten, das abwechslungsorientierte Kaufverhalten („variety seeking") und das komplexe Kaufverhalten.

Von habitualisiertem Kaufverhalten spricht man, wenn die Konsumenten ein geringes Involvement aufweisen und gleichzeitig eine hohe Homogenität der Produkte besteht. Dies tritt oft bei günstigen und regelmäßig gekauften Produkten auf. Beispiele für diese Alltagseinkäufe wären Salz, Zucker oder Küchenrolle.

Ein dissonanzminderndes Kaufverhalten findet statt, wenn die Konsumenten ein hohes Involvement aufweisen und die eine hohe Homogenität der Produkte besteht. Es handelt sich meistens um eine größere Investition, wie ein Mobiltelefon.

Bei dem abwechslungsorientierten Kaufverhalten besteht eine geringe Homogenität der Produkte und auch das Involvement der Konsumenten ist gering. Hauptgrund für dieses Kaufverhalten ist der Wunsch nach Abwechslung. Die Konsumenten kaufen ohne lange zu überlegen Produkte wie Süßigkeiten oder Duschgel.

Komplexes Kaufverhalten entsteht, wenn die Konsumenten ein starkes Involvement zeigen und gleichzeitig eine niedrige Homogenität der Produkte gegeben ist. Hierbei findet immer eine sehr bewusste Kaufentscheidung statt, wie bei einem Kauf von Autos.

4.2 Zuordnung des Kaufverhaltens

Der Kauf einer Mitgliedschaft lässt sich zu dem komplexen Kaufverhalten zuordnen. Es ist eine sehr bewusste Kaufentscheidung, bei der sich die Konsumenten vorher sehr intensiv über die Mitgliedschaften in verschiedenen Studios informieren.

Dadurch, dass Mineralgetränke im Studio ein sehr günstiges und regelmäßig gekauftes Produkt ist, gehört es zu dem habitualisierenden Kaufverhalten. Außerdem denkt der Konsument nicht lange nach, ob er sich ein Mineralgetränk kauft, da kaum Unterschiede zu anderen Mineralgetränken bestehen.

Die Buchung eines Personal Trainings gehört zu dem abwechslungsorientierten Kaufverhalten. Die Kunden brauchen oft Abwechslung und kaufen dann ohne lange zu überlegen ein Personal Training.

Die Buchung einer 14 tägigen Bergreise in den Himalaya mit dem Studio ist ein dissonanzminderndes Kaufverhalten, da es sich um eine selten durchgeführte und eine größere Investition handelt.

4.3 Verkaufsraumgestaltung

In der Phase der Kaufentscheidung, des so genannten „Point of Sale", gibt es viele Faktoren, welche den Kunden noch beeinflussen können. Diese können einen positiven,
sowie einen negativen Einfluss haben und bewusst oder unbewusst stattfinden. Für ein
Unternehmen gilt, die Faktoren zu nutzen, welche die Kaufentscheidung positiv beeinflussen können. Bezüglich der physischen Umwelt ist eine positive Verkaufsraumgestaltung zu berücksichtigen. Dieser sollte ein positiv einladenden Eindruck auf den potenzi-
ellen Käufer machen, da eine Kaufentscheidung meist durch emotionale Faktoren beein-
flusst wer-den. Hierzu zählen optimale Lichtverhältnisse, einladenden helle Farben, ein
angemessen ruhiger Geräuschpegel und ein zumindest neutraler Geruch. Insgesamt soll
der Raum eine angenehme Wärme auf den Käufer ausstrahlen. Des Weiteren spielt hier
auch die Größe eine Rolle. Der Käufer soll sich nicht eingeengt aber auch nicht „verlo-
ren" fühlen. Da insgesamt die Kaufentscheidung häufig emotional getroffen wird ist es
unabdingbar durch die o.g. Faktoren während eines Verkaufsgespräches positive Emo-
tionen aus zu-lösen, um so die Wahrscheinlichkeit eines positiven Verkaufsabschlusses
zu erhöhen.

Im B9! Fitness gibt es verschiedene Greifzonen bei Regalen und Kühlschränken, die
wichtig für die Verkaufsraumgestaltung sind, um so die Verkaufsatmosphäre positiv zu
beeinflussen. Es gibt ein großes Regal zwischen Eingangsbereich und Hauptgang, in
dem die Eiweißprodukte aufgestellt sind. Somit befinden die Produkte sich in einer
leicht zugänglichen Zone, wo sie für jeden Kunden sichtbar und greifbar sind. Direkt an
der Theke befinden sich noch zwei Kühlschränke gefüllt mit Eiweißbeuteln, Eiweißrie-
geln und Fertigshakes. Die Kühlschränke stehen so, dass sie für alle Kunden sichtbar
sind und jeder an diesem Bereich vorbei muss, der in den Cardio-Bereich möchte. Dabei
spielt auch die Dekoration eine große Rolle. Für die Eiweißprodukte werden verschiedene Plakate aufgehängt. Im Thekenbereich stehen kleine Aufsteller, die die Produkte
zeigen, die zum Verkauf stehen. Außerdem stehen in den Regalen, verschiedene Bro-
schüren zur Aufklärung über Eiweißprodukte. Falls es neue Produkte, oder Sonderange-
bote gibt werden diese durch Dekoration besonders hervorgehoben. Allgemein ist Dekoration auch wichtig für den Wohlfühlfaktor. Besonders im Eingangsbereich befinden

sich viele Grünpflanzen ein großes buntes Bild, so dass dem Kunden direkt ein angenehmes Gefühl vermittelt wird. Generell wird im B9! Fitness die Dekoration je nach Jahreszeit angepasst, so dass die Kunden sich zu jeder Zeit wohlfühlen können. Auch die Laufzonen sind wichtig für die Verkaufsraumgestaltung. Um den Kunden direkt am Anfang ein positives Gefühl zu geben, gibt es einen breiten Eingangsbereich, bei dem im Sommer die Türen auch offen stehen. Hier beginnt dann die Orientierungsphase des Kunden. Deshalb ist direkt am Eingangsbereich die Theke, worüber ein Check-In Schild hängt, somit kann der Kunde sich schnell orientieren. Dann kommt der Kunde auf den Hauptgang, links von ihm liegt die Trainingsfläche und er läuft auf die Umkleiden zu, die wieder mit einem Schild markiert sind. Dadurch, dass es klare breite Wege sind, geben sie die Richtung an und sagen dem Kunden wo es lang geht. Die Schilder helfen dem Kunden sich zu orientieren. Dies ist wichtig für das Wohlbefinden des Kunden. Zum Thekenbereich führt auch wieder ein breiter Weg. Außerdem ist dort viel Platz, um sich auf verschiedenen Sitzmöglichkeiten wohlzufühlen. So wird dem Kunden ermöglicht auch gerne mehr Zeit nach dem Training in dieser Verkaufszone zu verbringen. Insgesamt ist die Gestaltung des Studios sehr wichtig für die Kaufentscheidung des Kunden, wenn er sich nicht wohlfühlt oder nicht zurecht findet, wird er sich nicht für das Studio entscheiden.

5   Literaturverzeichnis

Akademie: Vorteile für Franchise-Nehmer, 2015. Online im Internet: http://www.akademie.de/wissen/selbststaendig-mit-franchising/vorteile-nachteile-franchise [Stand: 26.01.2015]

Designbote: Neues Pepsi Logo, 2008. Online im Internet: http://designbote.com/890/neues-pepsi-logo [Stand: 26.01.2015]

Designmadeingermany: Neues Corporate Design der Commerzbank, o.J. Online im Internet: http://www.designmadeingermany.de/magazin/2/corporate-design-commerzbank/ [Stand: 26.01.2015]

Designtagebuch: Aus Fitness Company wird Fitness First, 2009. Online im Internet: http://www.designtagebuch.de/aus-fitness-company-wird-fitness-first/ [Stand: 26.01.2015]

Ifhias: IRON SYSTEM®, o.J. Online im Internet: http://www.ifhias.com/de/lehre/grouptraining/iron-system [Stand: 26.01.2015]

Firmenlogos24: Farbwechsel im Corporate Identity Design, o.J. Online im Internet: http://www.firmenlogos24.com/2011/12/06/farbwechsel-im-corporate-identity-design/ [Stand: 26.01.2015]

Franchisedirekt: Grundsätzliche Bestandteile eines Franchise-Vertrages für Franchise-Unternehmen, 2015. Online im Internet: http://www.franchiseverband.com/dfv-services/franchise-fragen/bestandteile-franchise-vertrag/ [Stand: 26.01.2015]

Franchisedirekt: Franchise-Systeme Fitness, Wellness & Gesundheit, o.J. Online im Internet: http://www.franchisedirekt.com/fitnessgesundheitfranchise/146 [Stand: 26.01.2015]

Franchiseportal: Fitness & Wellness Franchise: Geschäftskonzepte im Franchising, o.J. Online im Internet: http://www.franchiseportal.de/franchise-kategorien/Fitness-Wellness.html [Stand: 26.01.2015]

LesMills: Die Geschichte von Les Mills, 2013. Online im Internet: http://www.lesmills.de/ueber-lesmills.html [Stand: 26.01.2015]

Schlaffke, W., Plünnecke, A., S.: Studienbrief Marketing 2. Rev.11.011.000. Unveröffentlichtes Studienmaterial Deutsche Hochschule für Prävention und Gesundheitsmanagement, Saarbrücken 2014.

Zumba: Richtlinien zur Verwendung des Zumba® Markenzeichens, 2015. Online im Internet: http://www.zumba.com/de-DE/trademark [Stand: 26.01.2015]

6 Tabellenverzeichnis